EXERCICES DE MÉMOIRE

TEXTE DU PROGRAMME :
(RÉCITATIONS DE POÉSIES D'UN GENRE TRÈS SIMPLE)

FABLES. — POÉSIES. — MAXIMES

Conseils pédagogiques
Morceaux expliqués. — Diction

DIX-SEPT GRAVURES

PAR

DELAPIERRE	A.-P. DELAMARCHE
ENSEIGNEMENT PRIMAIRE	DÉLÉGUÉ DE L'ASSOCIATION DES MEMBRES
1re SÉRIE	DE L'ENSEIGNEMENT
OFFICIER D'ACADÉMIE	OFFICIER D'ACADÉMIE

Ouvrage correspondant
AU COURS ÉLÉMENTAIRE DE GRAMMAIRE
DE
M. ED. ROCHEROLLES
ÉLÈVE DE L'ÉCOLE NORMALE SUPÉRIEURE, AGRÉGÉ DE L'UNIVERSITÉ
PROFESSEUR AU LYCÉE LOUIS-LE-GRAND
ET A L'ÉCOLE NORMALE SUPÉRIEURE DE SAINT-CLOUD

Adopté gratuitement par la **VILLE DE PARIS** *à ses*
écoles et porté sur les **LISTES DÉPARTEMENTALES**

SEPTIÈME ÉDITION

Aimer l'école, c'est aimer la patrie.
A.-P. DE LAMARCHE.

PARIS
LIBRAIRIE PICARD-BERNHEIM ET Cie
14, RUE SOUFFLOT, 14

OUVRAGE CORRESPONDANT
ROCHEROLLES (Ed.). — Grammaire d'après la méthode
élémentaire. Cours élémentaire. 1 vol. in-18 cart.

Piece cartonnée

8° Ye
1535

COURS ÉLÉMENTAIRE
Programme officiel du 27 juillet 1882

EXERCICES
DE
MÉMOIRE

TEXTE DU PROGRAMME :
(RÉCITATIONS DE POÉSIES D'UN GENRE TRÈS SIMPLE)

FABLES. — POÉSIES. — MAXIMES

Conseils pédagogiques
Morceaux expliqués. — Diction

DIX-SEPT GRAVURES

PAR

A. DELAPIERRE
INSPECTEUR DE L'ENSEIGNEMENT PRIMAIRE
DE LA SEINE
OFFICIER D'ACADÉMIE

A.-P. DELAMARCHE
DÉLÉGUÉ DE L'ASSOCIATION DES MEMBRES
DE L'ENSEIGNEMENT
OFFICIER D'ACADÉMIE

Ouvrage correspondant

AU COURS ÉLÉMENTAIRE DE GRAMMAIRE

DE

M. ED. ROCHEROLLES

ANCIEN ÉLÈVE DE L'ÉCOLE NORMALE SUPÉRIEURE, AGRÉGÉ DE L'UNIVERSITÉ
PROFESSEUR AU LYCÉE LOUIS-LE-GRAND
ET A L'ÉCOLE NORMALE SUPÉRIEURE DE SAINT-CLOUD

Livre fourni gratuitement par la **VILLE DE PARIS** à ses
écoles et porté sur les **LISTES DÉPARTEMENTALES**

SEPTIÈME ÉDITION

Aimer l'école, c'est aimer la patrie.
A.-P. DE LAMARCHE.

PARIS
LIBRAIRIE PICARD-BERNHEIM ET Cie
11, RUE SOUFFLOT, 11
1887
Tous droits réservés.
(D)

Tout exemplaire non revêtu de notre signature sera réputé contrefait.

Picard-Bernheim & Cie

TABLE DES MATIÈRES

La Maman. 3	Le Nid de Fauvette. 24
L'Agneau bêlant. 4	Tu seras soldat. 26
Le Lierre et le Rosier. 5	La Châtaigne 27
L'Enfant et l'Oiseau. 5	Le petit Poisson et le Pêcheur. 29
Mon Père et ma Mère. 6	L'Aiguille. 30
La Vipère et la Sangsue. . . . 7	Le Moineau et la Tourterelle . 32
Conseils d'une Abeille. 8	L'Enfant et l'Araignée. 33
La Chandelle et la Lanterne. . 9	La Mère, l'Enfant et les Sarigues. 34
Le Pinson et la Pie. 10	Pas trop fort 36
La Guenon, le Singe et la Noix. 11	Le Loup et l'Agneau 37
L'Araignée et le Ver à soie . . 12	Le Villageois et le Serpent . . 38
La Bonbonnière. 12	A ma Poupée. 40
Le Bataillon scolaire 13	La Souris et la Tortue. 42
Le Corbeau et le Renard. . . . 15	Le Renard et la Cigogne. . . . 43
Mauvaise note. 16	Les Merles. 44
L'Enfant et le Miroir. 17	Notre Maison 46
Le Paresseux 19	Compliment d'une petite fille à sa mère le jour de sa fête. 47
Le Laboureur et ses Enfants . 20	
Un Gâteau bien placé. 21	
L'Enfant et le Chat. 23	

LA MAMAN.

Qui nous aime dès la naissance ?
Qui donne à notre *frêle* enfance
Son doux, son premier aliment ?
    C'est la maman.

Bien avant nous qui donc s'éveille ?
Bien après nous quel ange veille,
Penché sur notre front dormant ?
    C'est la maman.

Aussi, qui devons-nous sans cesse
Bénir pendant notre jeunesse,
Chérir *jusqu'au dernier moment ?*
    C'est la maman.

Mme A. Tastu.

MAXIME
L'amour filial est la vertu des bons cœurs.

CONSEILS PÉDAGOGIQUES

Explication du morceau. — L'auteur énumère, sous forme d'interrogations suivies d'une même réponse, les preuves de la sollicitude d'une mère.
Il conclut en montrant que l'amour filial doit être prodigué à la mère, en reconnaissance des soins dont elle entoure ses enfants.

Explication des mots. — *Frêle*, ce qui est faible, le contraire de robuste. — *Son doux, son premier aliment*, c'est-à-dire le lait que donne la mère à ses enfants. — *Jusqu'au dernier moment*, c'est-à-dire jusqu'au dernier soupir, jusqu'à la mort.

Diction. — Les pauses. — Après la virgule (,) arrêtez-vous le temps de compter *un* par la pensée ; après un point-virgule (;) ou deux points (:)

comptez *un, deux;* après un point (.) ou un point d'interrogation (?) comptez, *un, deux, trois.* Ex : *Qui nous aime dès la naissance* (un, deux, trois)? *Qui donne à notre frêle enfance son doux* (un), *son premier aliment* (un, deux, trois)? *C'est la maman* (un, deux, trois).

L'AGNEAU BÊLANT.

Quand, dans les prés fleuris,
Au milieu des brebis,
Un petit agneau *bêle,*
Savez-vous bien, enfant,
Ce qu'il cherche en courant,
Ce que sa voix appelle?
Qui répond à ce cri,
Enfant, savez-vous qui?
C'est une tendre mère,
Que partout sur la terre
Ont les agneaux bêlants
Et les petits enfants.

J. W<small>IRTH</small>.

MAXIME

On doit tout à sa mère.

CONSEILS PÉDAGOGIQUES

Explication du morceau. — Cette charmante petite poésie montre bien l'attachement qu'ont les enfants pour leur mère, et non seulement les enfants, mais aussi les petits des animaux. Et c'est tout naturel. Où trouveraient-ils ailleurs les soins incessants que réclame leur faiblesse? La mère seule possède le trésor de tendresse nécessaire à la protection vigilante dont ils ont besoin.

Explication des mots — L'*agneau bêlant.* Le bêlement est le cri des moutons. — *Agneau,* petit de la brebis. Cet animal a un caractère si paisible que l'on dit en proverbe : *doux comme un agneau.* Lorsque l'on considère les béliers, les brebis et les agneaux en troupe, ils portent le nom de *moutons.*

Diction. — Ne vous arrêtez pas à la fin d'un vers lorsqu'il n'y a aucun signe de ponctuation. Dites : *C'est une tendre mère* (un), *que partout sur la terre ont les agneaux bêlants et les petits enfants.*

LE LIERRE ET LE ROSIER.

Un Lierre, *en serpentant* au haut d'une muraille,
Voit un petit Rosier et *se rit* de sa taille.
L'arbuste lui répond : « Apprends que sans appui
    J'ai su m'élever par moi-même ;
    Mais toi dont l'orgueil est extrême,
Tu ramperais encor sans le secours d'autrui. »

Le Bailly.

MAXIME

L'orgueil déjeune avec l'abondance, dîne avec la pauvreté et soupe avec la honte.

CONSEILS PÉDAGOGIQUES

Explication de la fable. — Cette petite fable est une leçon pour les orgueilleux, pour ceux qui vantent bien haut leurs qualités et qui se moquent facilement de la faiblesse des autres. Ce sont toujours ceux-là qui, comme le lierre, ont besoin du secours d'autrui.
Tout au contraire, le vrai mérite, semblable au rosier, est toujours modeste.

Explication des mots. — *En serpentant*. La direction que prennent les branches du lierre, en s'accrochant à droite et à gauche, rappelle, en effet, les mouvements du serpent. — *Se rit*, se moque.

Diction. — DE LA POSE APRÈS LE TITRE. — Commencez la récitation du morceau par le titre et arrêtez-vous le temps de compter *cinq*. Ex : *Le lierre et le rosier* (un, deux, trois, quatre, cinq). *Un lierre*, etc.

L'ENFANT ET L'OISEAU.

L'ENFANT

Petit oiseau, viens avec moi :
Vois la cage si bien posée,
Les fruits que j'ai cueillis pour toi,
Les fleurs humides de rosée.

L'OISEAU

Petit enfant, je vis heureux.
Rester libre est *ma seule envie;*

Mon humble nid me plaît bien mieux
Que la cage la plus jolie.

Devoile.

MAXIME

Il n'y a pas de trésor qui vaille la liberté.

CONSEILS PÉDAGOGIQUES

Explication du morceau. — L'enfant essaie de séduire l'oiseau en lui montrant une belle cage remplie de fleurs et de fruits excellents. Cela pourrait tenter un gourmand et un paresseux ; mais l'oiseau n'est pas si sot, il ne se laisse pas prendre au piége. Il sait que la liberté est pour lui le plus grand des biens, et il ne l'échangera pas contre les douceurs d'une cage, si bien garnie qu'elle soit.

Explication des mots. — *Ma seule envie*, c'est-à-dire mon seul désir, le seul bien que j'envie.

Diction. — Liaison de l's. — L's se lie souvent au mot suivant quand ce mot commence par une *voyelle* ou une *h muette*. Observez bien cette règle dans les expressions : *Viens avec moi... Les fleurs humides... Je vis heureux...* On dira pourtant un *discours agréable* sans lier l's.

MON PÈRE ET MA MÈRE.

Quand j'étais tout petit, qui prenait soin de moi,
Et qui, dans ma frayeur même la plus légère,
Me pressait dans ses bras pour calmer mon *effroi?*
.... C'est ma mère !

Dans les beaux jours, qui donc me prenait par la main
Et me menait cueillir la fraîche *primevère*,
Et les petites fleurs qui bordaient le chemin?
.... C'est mon père !

Au moment de partir pour l'école, en été,
Qui glissait dans ma main les fruits que je préfère
Pour apaiser la soif de son enfant gâté ?
.... C'est ma mère !

Quand nous étions au bois, assis près d'un ruisseau,
Qui me faisait souvent une barque légère
Que j'aimais tant à voir se balancer sur l'eau ?
.... C'est mon père !

Paul Privat.

MAXIME

Nous devons à nos parents une reconnaissance éternelle.

CONSEILS PÉDAGOGIQUES

Explication du morceau. — Ce morceau, comme le précédent, est destiné à rappeler aux enfants la tendresse et l'amour qu'ont pour eux leurs parents. Le père et la mère rivalisent d'attention et de soins pour procurer le bien-être à leurs enfants chéris ; n'est-ce pas un devoir pour ceux-ci d'aimer ces bons parents de tout leur cœur et de les satisfaire par leur sagesse, leur obéissance et leur travail à l'école.

Explication des mots. — *Effroi*, grande peur causée par quelque chose d'inattendu. — *Primevère*, plante qui fleurit dès les premiers jours du printemps.

Diction. — Récitez lentement et prononcez bien toutes les syllabes sonores en donnant exactement leur valeur aux *e* fermés et aux *e* ouverts, aux voyelles longues et aux voyelles brèves. Ex. : *mère*, *légère*, è ouvert ; *gâté*, *été*, e fermé.

LA VIPÈRE ET LA SANGSUE.

— *Nous piquons* toutes deux, *commère*,
A la Sangsue un jour disait une Vipère :
Et l'homme cependant te recherche et me fuit :
D'où vient cela ? — D'où vient ? répliqua la Sangsue :
C'est que ta piqûre le tue
Et que la mienne le guérit.

Le Bailly.

MAXIME

Fais le bien et tu seras aimé.

CONSEILS PÉDAGOGIQUES

Explication de la fable. — Le bien et le mal apparaissent souvent sous la même forme, mais on ne s'y trompe pas. Peut-on confondre le médecin qui pique avec sa lancette à l'effet de guérir son malade, et le voleur qui poignarde le passant au coin d'un bois?

En résumé, on aime et on recherche ceux qui font le bien ; on déteste et on fuit ceux qui font le mal.

Explication des mots. — *Nous piquons...* Remarquez qu'en réalité la vipère mord, et la sangsue, comme l'indique son nom, suce le sang. — *Commère* s'emploie familièrement et signifie ici la voisine avec laquelle on bavarde.

Diction. — L'INFLEXION. — Le ton, l'inflexion de la voix, doivent être aussi naturels dans la récitation que dans la conversation. RÉCITEZ COMME VOUS PARLEZ.

Lorsque le point d'interrogation ne termine pas la phrase, ne comptez que *un*. Ex. : *D'où vient ?* (un) *répliqua la sangsue*.

CONSEILS D'UNE ABEILLE.

Écolier, qui pars pour l'école,
Garde-toi de *traîner le pas*,
En chemin ne t'amuse pas,
Mais songe à l'heure qui s'envole.

Pour ton modèle et ton *symbole*,
Si tu m'en crois, tu choisiras,
Non pas le papillon *frivole*,
Trop ami des joyeux *ébats ;*

Mais l'abeille, toujours pressée,
Qui butine dans la rosée
Toutes les fleurs riches en miel ;

« Jamais d'école buissonnière, »
Dit cette bonne conseillère
Qui voltige entre terre et ciel.

Hip. Durand.

MAXIME
Imitez les bons exemples.

CONSEILS PÉDAGOGIQUES

Explication du morceau. — L'abeille qui voltige sans cesse d'une fleur à l'autre pour recueillir le miel, et qui construit des cellules où elle renferme son butin, est le symbole de la diligence, de l'activité dans le travail et de la prévoyance industrieuse.
Le papillon, au contraire, vole pour son plaisir, sans souci du lendemain, et meurt misérablement quand la belle saison est passée.
C'est l'abeille qu'il faut imiter.
Explication des mots. — *Garde-toi*, c'est-à-dire prends bien garde. *Traîner le pas*, c'est aller très lentement et péniblement. — *Symbole* signifie ici exemple. — *Frivole*, qui est léger, qui ne fait rien sérieusement. — *Ébats*, jeux, divertissements.
Diction. — La voix. — Donnez votre voix dans le médium, c'est-à-dire assez haut pour être entendu clairement de tous ceux qui vous écoutent, et assez modérément pour éviter de crier.

LA CHANDELLE ET LA LANTERNE.

Une Chandelle, un jour, disait à la Lanterne :
Pourquoi de ton foyer me faire une prison ?
Ton vilain *œil-de-bœuf* rend ma lumière terne ;
Ouvre-toi, qu'à mon gré j'éclaire l'*horizon !*
La Lanterne obéit ; l'autre, qu'y gagne-t-elle ?
Bonsoir ! un coup de vent a soufflé la Chandelle.

Le Bailly.

MAXIME
Qui veut trop n'a rien.

CONSEILS PÉDAGOGIQUES

Explication de la fable. — L'histoire de cette chandelle est celle de beaucoup de gens.
Les uns, par vanité, méprisent l'aide dont ils ont besoin ; les autres, par entêtement et présomption, veulent constamment agir à leur guise, méprisant les conseils des gens expérimentés.
Tous manquent de cette véritable sagesse, qui fait que ceux qui la pos-

sèdent marchent droit dans la vie, sans embarras et sans secours, rien qu'en s'appuyant sur le grand principe que *les hommes sont faits pour s'aider les uns les autres.*

Explication des mots. — OEil-de-bœuf, petite fenêtre ronde ou ovale; ici, verre de la lanterne. — Horizon, ligne qui limite notre vue et où le ciel semble toucher à la terre; ici, l'espace sur lequel la vue peut s'étendre.

Diction. — Soutien de la voix a la fin des phrases. — Soutenez la voix de façon à ne pas faire de chute profonde à la fin des phrases, une légère modulation suffit. Appliquez ce principe après les mots : *terne, horizon, chandelle,* etc.

LE PINSON ET LA PIE.

— Apprends-moi donc une chanson,
Demandait la bavarde Pie
A l'agréable et gai *Pinson,*
Qui chantait au printemps sur l'*épine* fleurie.
— Allez ! vous vous moquez, ma mie;
A gens de votre espèce, ah ! je gagerais bien
Que jamais on n'apprendra rien.
— Eh quoi ! la raison, je te prie?
— Mais c'est que, pour s'instruire et savoir bien chanter,
Il faudrait savoir écouter,
Et babillard n'écouta de sa vie.

Mme DE LA FÉRANDIÈRE.

MAXIME

Parler est un besoin, écouter est un talent.

CONSEILS PÉDAGOGIQUES

Explication de la fable. — Les enfants babillards, qui, au lieu d'écouter les personnes sensées, ont la mauvaise habitude de toujours parler à tort et à travers sans réfléchir, n'apprennent rien d'utile.

Ils ressemblent, en cela, à la pie qui jacasse du matin au soir et qui est incapable de produire aucun chant mélodieux.

Explication des mots. — *Pinson*, petit oiseau des bois dont le chant est très agréable sans toutefois égaler celui du rossignol. — *Epine* désigne ici un arbuste de ce nom, et non pas l'un des piquants qu'il porte.

Diction. — L'ARTICULATION. — Ouvrez suffisamment la bouche pour bien articuler les syllabes. Lorsque vous voulez vous faire entendre d'un bout de la classe à l'autre, de l'un de vos amis, tout en n'employant que le chuchotement, vos lèvres dessinent, en quelque sorte, les sons des mots que vous prononcez : faites de même lorsque vous récitez haut.

LA GUENON, LE SINGE ET LA NOIX.

Une jeune *Guenon* cueillit
Une noix dans sa coque verte,
Elle y porte la dent, fait la grimace... « Ah ! certe !
Dit-elle, ma mère mentit
Quand elle m'assura que les noix étaient bonnes.
Puis, croyez aux discours de ces vieilles personnes
Qui trompent la jeunesse ! Au diable soit le fruit ! »
Elle jette la noix. Un singe la ramasse ;
Vite entre deux cailloux la casse,
L'épluche, la mange, et lui dit :
Votre mère eut raison, *ma mie ;*
Les noix ont fort bon goût, mais il faut les ouvrir. »
Souvenez-vous que dans la vie,
Sans un peu de travail on n'a point de plaisir.

FLORIAN.

MAXIME
Il n'y a pas de rose sans épine.

CONSEILS PÉDAGOGIQUES

Explication de la fable. — L'explication de cette fable est contenue dans les deux derniers vers ; le travail seul peut procurer le vrai plaisir. Toute chose obtenue sans peine paraît moins précieuse et on s'en lasse vite.

Explication des mots. — *Guenon*, femelle du singe. — *Ma mie*, c'est comme si l'on disait *mon amie*.

Diction. — Les mots en x se joignent au mot suivant comme s'ils étaient terminés par *s ou z*. Exemple : *Les noix ont fort bon goût*, prononcez : les *noi zont* fort bon goût.

L'ARAIGNÉE ET LE VER A SOIE.

L'Araignée en ces mots *raillait* le ver à soie :
« Bon Dieu ! que de lenteur dans tout ce que tu fais !
Vois combien peu de temps j'emploie
A tapisser un mur d'*innombrables* filets.
— Soit, répondit le Ver, mais ta toile est *fragile ;*
Et puis, à quoi sert-elle ? A rien.
Pour moi, mon travail est utile :
Si je fais peu, je le fais bien. »

Le Bailly.

MAXIME
A l'œuvre on connait l'artisan.

CONSEILS PÉDAGOGIQUES

Explication de la fable. — Cette fable est une leçon à l'adresse des gens remuants et brouillons qui ne voient dans la besogne que la quantité et ne s'occupent pas assez de la qualité.
L'important n'est pas de produire beaucoup de choses mauvaises ; on a beaucoup plus de mérite à en faire peu et qui soient bien.

Explication des mots. — *Railler*, plaisanter quelqu'un, se moquer de lui. — *Innombrables*, qui sont en grand nombre. — *Fragile*, qui se brise facilement.

Diction. — LES PAUSES NON INDIQUÉES. — Bien qu'il n'y ait pas de ponctuation, ne réunissez jamais deux mots qui n'ont pas de rapport entre eux ; et, réciproquement, ne faites point de pause entre les mots unis par le sens. Ex : Dites : *L'araignée* (un) *en ces mots raillait le ver à soie*. Et non pas : L'araignée en ces mots (un) raillait le ver à soie.

LA BONBONNIÈRE.

A *la discrétion* de ses petits enfants,
Sur la table une bonne mère
Avait laissé sa bonbonnière.
Doit-on ainsi tenter les gens ?
L'un d'eux y puise *sans scrupule ;*
Le bambin croque à belles dents ;
Mais que prend-il ? une pilule.
Bientôt un petit mal au cœur,
Le larcin est clair... tout l'annonce.

— 13 —

Le lit, *la diète*, la semonce,
Vont punir le petit voleur.
La friandise est souvent corrigée ;
Gardons-nous de l'esprit malin :
Il nous présente la dragée,
Et nous donne du chicotin.

Du Tremblay.

MAXIME
La gourmandise a toujours de funestes effets.

CONSEILS PÉDAGOGIQUES

Explication du morceau. — Cette fable contient deux enseignements. Tout d'abord, un enfant bien élevé ne doit jamais prendre quoi que ce soit sans en avoir reçu la permission de ses parents : ceux qui commettent de petits larcins s'habituent peu à peu à devenir voleurs. En second lieu, ce que l'auteur appelle l'*esprit malin* n'est autre chose que la tentation de s'approprier une chose ardemment désirée ; mais rien ne trompe comme l'extérieur, et ce qui, à la vue, paraît bon est très souvent mauvais au goût.

Explication des mots. — *A la discrétion*, c'est-à-dire *à la volonté*, ou plutôt ici, *à la portée*, car la suite de la fable montre qu'il y a eu larcin. — *Sans scrupule*, sans inquiétude de la conscience, sans se demander s'il fait mal. — *Etre à la diète*, rester sans manger. — *Chicotin*, substance très amère tirée d'une plante appelée *coloquinte*.

Diction. — Faites une pause après les mots : *sur la table* ; n'en faites pas après *une bonne mère*. Dites : *A la discrétion de ses petits enfants* (un), *sur la table* (un), *une bonne mère avait laissé*, etc.

LE BATAILLON SCOLAIRE.

Les Hommes.

— Petits enfants, petits soldats,
Qui marchez comme de vieux braves

Sabre au côté, fusil au bras,
Les yeux ardents et les *fronts graves;*

Petits soldats, petits enfants,
Vous qui *désertez la grammaire,*
Pour marquer le pas, triomphants,
Sous les regards de votre mère;

Que pensez-vous, que faites-vous?
Têtes rieuses, corps fragiles,
Retournez au jeu : laissez-nous
Le fardeau des *armes viriles.*

Les Enfants.

— Nous sommes les petits enfants
De la vieille mère patrie;
Nous lui donnerons dans dix ans
Une jeune *armée aguerrie;*

Nous sommes les petits soldats
Du bataillon de l'Espérance,
Nous exerçons nos petits bras
A venger l'honneur de la France.

Et *Barra*, le petit tambour
Dont on nous a conté l'histoire,
En attendant, bat, chaque jour,
Le rappel dans notre mémoire.

H. Chantavoine.

MAXIME
Le véritable patriotisme n'a pas d'âge.

CONSEILS PÉDAGOGIQUES

Explication du morceau. — Ce morceau comprend deux parties distinctes.
Dans la première, l'auteur fait parler les hommes qui, s'adressant aux enfants, semblent leur faire un reproche de quitter l'étude ou les jeux pour s'exercer au maniement des armes. Sous ce reproche on voit percer une sorte d'admiration pour l'entrain et le courage des petits soldats.

La seconde partie contient la réponse des enfants : elle est fière et pleine d'espoir patriotique. La fin est un souvenir à l'égard d'un héroïque enfant mort pour la patrie.

Explication des mots. — *Les fronts graves.* Grave signifie ici sérieux, le contraire de joyeux ou de souriant. — *Déserter la grammaire,* c'est-à-dire cesser, abandonner cette étude. — *Des armes viriles,* qui sont faites pour les hommes. — *Une armée aguerrie,* bien exercée pour la guerre. — *Barra.* Jeune homme que les uns ont fait tambour, les autres hussard, mort à Cholet en combattant les Vendéens, en 1793.

Diction. — PRONONCIATION DU MOT *les*. — L'e du mot *les* est ouvert, comme dans *tête, fête*. Prononcez donc : *lès yeux ardents et lès fronts graves*, et non pas : *lés yeux ardents et lés fronts graves*.

LE CORBEAU ET LE RENARD.

Maître Corbeau, sur un arbre perché,
   Tenait en son bec un fromage ;
Maître Renard, par l'odeur *alléché*,
   Lui tint à peu près ce langage :
« Hé ! bonjour, monsieur du Corbeau !
Que vous êtes joli ! que vous me semblez beau !
   Sans mentir, si votre *ramage*
   Se rapporte à votre plumage,
Vous êtes le *phénix* des hôtes de ces bois. »
A ces mots, le corbeau ne se sent pas de joie,
   Et, pour montrer sa belle voix,
Il ouvre un large bec, laisse tomber sa proie.
Le renard s'en saisit, et dit : « Mon bon monsieur,
   Apprenez que tout flatteur
   Vit aux dépens de celui qui l'écoute :
Cette leçon vaut bien un fromage, sans doute. »

Le corbeau, honteux et confus,
Jura, mais un peu tard, qu'on ne l'y prendrait plus.

LA FONTAINE.

MAXIME

Défiez-vous des flatteurs.

CONSEILS PÉDAGOGIQUES

Explication de la fable. — Rien n'est à craindre comme un flatteur, car il vous trompe sans que vous vous en aperceviez.

Le renard, en effet, sait fort bien que le plumage du corbeau est plutôt laid et que le cri de cet oiseau est affreux ; c'est donc un effronté menteur. Mais il a si bien dit son mensonge, que l'orgueilleux corbeau l'a cru et qu'il n'a découvert la fourberie que lorsque le renard se fût moqué de lui.

Evitez au même degré et la niaiserie du corbeau et la fourberie du renard.

Explication des mots. — *Alléché*, attiré, poussé, par la gourmandise. — *Ramage*, chant des oiseaux. — *Phénix*, oiseau prodigieux auquel les anciens attribuaient le don de renaître de ses cendres.

Diction. — PRONONCIATION DES MOTS *des, mes, tes, ses, ces, tu es, il est.* — Les monosyllabes *des, mes, tes*, etc., se prononcent comme *les.* Dites, en ouvrant bien la bouche : *Vous êtes le phénix dês hôtes de cês bois.* Et non pas : *dês hotes de cês bois.*

MAUVAISE NOTE.

« Pourquoi me donnez-vous une mauvaise note?
— C'est pour avoir mal travaillé.
— Eh bien ! dit Marcelline (elle n'était point sotte,
Elle avait *l'air fort éveillé*),
Ne pourriez-vous pourtant m'en donner une bonne?
Ne me dites-vous pas toujours qu'il est moral
De rendre le bien pour le mal?
Il me semble que je raisonne. »
La maîtresse sourit : « *L'argument*, chère enfant,
Est assez imprévu, mais n'est pas *triomphant*.
Vous n'avez pas fait mal à moi, mais à vous-même,
Et je dois vous punir parce que je vous aime. »

LOUIS RATISBONNE.

Les Petites Femmes. — Delagrave édit.

MAXIME

Qui aime bien châtie bien.

CONSEILS PÉDAGOGIQUES

Explication du morceau. — Voilà une petite fille qui a cru avoir beaucoup d'esprit en se servant de la belle maxime : Rendez le bien pour le mal. Le malheur est qu'elle l'a appliquée à tort.
 Ce n'est pas à vos maîtres que vous faites du mal, mes enfants, lorsque vous négligez vos devoirs, mais bien à vous-mêmes. Vous êtes déjà punis par le fait seul que votre négligence nuit à votre perfection et à votre avenir.
 Si vos maîtres vous punissent de leur côté, ce n'est pas pour se venger d'un mal que vous ne leur faites point, mais uniquement parce qu'ils vous aiment et qu'ils espèrent, de cette façon, vous rendre meilleurs.
 Explication des mots. — *L'air éveillé*, c'est-à-dire l'air intelligent et spirituel. — *Argument*, le raisonnement que l'on tient pour prouver que ce que l'on dit est vrai ou juste. — *N'est pas triomphant*, c'est-à-dire n'est pas si bien trouvé qu'il faille en triompher, s'en réjouir grandement.
 — *L. Ratisbonne*, poète contemporain.
 Diction. — *Eh*, dans la locution *Eh bien!* ne doit pas être confondu avec le *Hé! bonjour*, etc., du morceau précédent, qui a le son plus fermé et ne s'écrit pas de même.

L'ENFANT ET LE MIROIR.

Un enfant élevé dans un pauvre village
Revint chez ses parents, et fut surpris d'y voir
 Un miroir.
 D'abord il aima son image,
Et puis par un *travers* bien digne d'un enfant,
 Et même d'un être plus grand,
 Il veut *outrager* ce qu'il aime
Lui fait une grimace, et le miroir la rend.

Alors, son *dépit* est extrême ;
Il lui montre un poing menaçant,
Et se voit menacé de même.
Notre marmot fâché s'en vient, en frémissant,
Battre cette image insolente :
Il se fait mal aux mains : sa colère en augmente :
Et, furieux, *au désespoir*,
Le voilà, devant ce miroir,
Criant, pleurant, frappant la glace.
Sa mère qui survient le console, l'embrasse,
Tarit ses pleurs, et doucement lui dit :
« N'as-tu pas commencé par faire la grimace
A ce méchant enfant qui cause ton dépit ?
— Oui. — Regarde à présent : tu souris, il sourit ;
Tu tends vers lui les bras, il te les tend de même ;
Tu n'es plus en colère, il ne se fâche plus.
De la société *tu vois ici l'emblème* :
Le bien, le mal nous sont rendus. »

FLORIAN.

MAXIME
La douceur fait plus que la violence.

CONSEILS PÉDAGOGIQUES

Explication de la fable. — La morale de cette fable est contenue dans les deux derniers vers.
Dans la société, il faut vous attendre à ce qu'on agisse envers vous comme vous aurez agi envers les autres.
Soyez bons pour vos camarades, ils seront bons pour vous ; mais si vous cherchez à leur nuire, n'en attendez que haine et malveillance.

Explication des mots. — *Travers*, caprice. — *Outrager*, insulter gravement. — *Dépit*, chagrin mêlé de colère. — *Au désespoir*, c'est-à-dire pris d'un violent chagrin. — *Tarit ses pleurs*, c'est-à-dire arrête ses larmes en le consolant. — *Tu vois ici l'emblème*, c'est-à-dire tu vois l'image, la reproduction de ce qui se passe dans la société.

Diction. — DU TON DEVANT LA CITATION. — Ne faites aucune inflexion de voix devant les deux points qui indiquent que l'on cite les paroles de quelqu'un, car la phrase n'est pas finie. Ainsi, dites en soutenant la voix jusqu'au bout : *Sa mère qui survient* (un) *le console* (un), *l'embrasse* (un), *tarit ses pleurs et doucement lui dit* : (un, deux) *n'as-tu pas*, etc.

LE PARESSEUX.

— Amusons-nous d'abord, dit Léon ; mon devoir,
Je le ferai tantôt, je le ferai ce soir. —
Le soir, il bâille et dort ; mais pour faire sa tâche
Il va, dit-il, demain *réveiller le soleil*.
Le réveiller ! hélas ! on l'appelle, on se fâche.
A sept heures encore il dort d'un plein sommeil.
En classe il est puni ; *cela n'est pas merveille :*
Comment ne pas punir un écolier pareil ?
Moi, pas si fou : je fais tous mes devoirs la veille.
    Qui toujours remet à demain
    Trouvera malheur en chemin.

MAXIME
Un bon conseil n'a pas de prix.

Écolier qui pars pour l'école,
Garde-toi de traîner le pas,
En chemin ne t'amuse pas ;
Mais songe à l'heure qui s'envole.

DURAND.

CONSEILS PÉDAGOGIQUES

Explication du morceau. — Le paresseux trouve toujours un prétexte pour remettre au lendemain ce qu'il pourrait faire le jour même ; mais il est bien rare que le lendemain, il ne surgisse pas quelque autre empêchement qui l'oblige de nouveau à ajourner son travail. De là, à l'insuccès, à la misère et au malheur, il n'y a pas loin.

Explication des mots. — *Réveiller le soleil*, s'éveiller avant que le soleil ne soit levé. — *Cela n'est pas merveille*, c'est-à-dire cela n'est pas étonnant.

Diction. — LA PAUSE AVANT UNE SENTENCE. — Lorsque la fable se termine par une sentence morale, comptez quatre avant la sentence que vous direz d'un ton plus grave. Ex. : *Moi* (un), *pas si fou* (un, deux), *je fais tous mes devoirs la veille* (un, deux, trois, quatre). (Ton grave.) *Qui toujours*, etc.

LE LABOUREUR ET SES ENFANTS.

Travaillez, prenez de la peine,
C'est le fonds qui manque le moins.
Un riche laboureur, sentant sa mort prochaine,
Fit venir ses enfants, leur parla *sans témoins*.
« Gardez-vous, leur dit-il, de vendre l'*héritage*
Que nous ont laissé nos parents :
Un trésor est caché dedans.
Je ne sais pas l'endroit ; mais un peu de courage
Vous le fera trouver ; vous en viendrez à bout.
Remuez votre champ dès qu'on aura fait l'*août ;*
Creusez, fouillez, bêchez, ne laissez nulle place
Où la main ne passe et repasse. »
Le père mort, les fils vous retournent le champ,
Deçà, delà, partout ; si bien qu'au bout de l'an
Il en rapporta davantage.
D'argent, point de caché ! Mais le père fut sage

De leur montrer, avant sa mort,
Que le travail est un trésor.

LA FONTAINE.

MAXIME

L'oisiveté ressemble à la rouille, elle use beaucoup plus que le travail.

CONSEILS PÉDAGOGIQUES

Explication de la fable. — Cette fable, l'une des plus belles de La Fontaine, nous montre que le travail est un *fonds*, c'est-à-dire un capital, une richesse qui ne fait jamais défaut à celui qui veut l'exploiter ; que le travail, en un mot, est un véritable trésor.

Remarquons la finesse du père qui, pour engager les enfants à remuer tout le champ, leur dit qu'il ne sait pas l'endroit où est caché l'argent. Il sait bien que cet argent n'existe pas en réalité, mais que les enfants le trouveront dans une belle récolte si le champ est bien cultivé.

Explication des mots. — *Sans témoins*, c'est-à-dire en secret, comme ayant quelque chose d'important à leur dire. — *L'héritage*, le bien, les terres. — *L'août*, c'est-à-dire la récolte du mois d'août, la moisson. — *D'argent, point de caché*, c'est-à-dire il n'y avait point d'argent de caché.

Diction. — Quand la morale n'est pas nettement détachée du morceau, ne faites que la pause indiquée par le signe de ponctuation qui précède, et amenez peu à peu le ton grave qui convient. Ex. : *Mais le père fut sage* (ton grave) *de leur montrer avant sa mort* (un), (ton plus grave) *que le travail est un trésor*.

UN GATEAU BIEN PLACÉ.

Alfred avait été bien sage,
Et pour l'encourager à l'être davantage
On l'avait conduit chez Félix,
Le *pâtissier phénix*.
Il avait déjà pris le plus grand des gâteaux
Quand s'approchant de la croisée,
Il vit deux beaux enfants, mais *la mine épuisée*,
Regarder tristement à travers les carreaux.
« Est-il heureux ! disait le plus grand : quelle vie !
Des gâteaux ; c'est à faire envie.
Hélas ! bien souvent quand j'ai faim,
Moi je n'ai pas même du pain !

Et quant à des gâteaux, ce que c'est, je l'ignore,
Mais c'est bien bon, à voir l'air dont on les dévore !
    On n'en laisse pas de morceaux.
    Les aimes-tu, toi, les gâteaux ?
    — Ah ! je crois bien que je les aime,
    Dit l'autre, surtout à la crème ;
    Mais je n'en parle qu'au juger,
    Je n'en ai jamais pu manger.
    Une fois pourtant, dans la rue,
    C'était après une revue,
Un jour... non... c'est-à-dire un soir,
J'ai presque manqué d'en avoir !... »
En entendant ainsi causer ces pauvres diables,
Si vous avez le cœur et les mains charitables,
A la place d'Alfred, enfant, qu'auriez-vous fait ?
    Il écouta, *mélancolique,*
Son gâteau dans les mains, sortit de la boutique
Et dit aux deux enfants, tout ému de pitié :
« Prenez, je vous le donne ! à chacun la moitié. »

L. RATISBONNE.

La Comédie enfantine.

MAXIME

On doit penser aux autres autant qu'à soi-même.

CONSEILS PÉDAGOGIQUES

Explication du morceau. — Cette poésie renferme une belle leçon de charité.

Rien n'est plus doux, enfants, que le plaisir qu'on éprouve à être bon et généreux.

La joie que vous faites goûter aux autres est une double joie pour vous, car leur bonheur s'ajoute à celui que vous ressentez de votre bonne action.

D'autre part vous vous créez des amis qui, à l'occasion, savent vous obliger à leur tour.

Remarquez la naïveté charmante contenue dans les paroles des deux pauvres enfants. L'un d'eux ignore ce que c'est que les gâteaux, mais il pense que ce doit être bon, « à voir l'air dont on les dévore » ! Quant à l'autre, il se souvient non pas de leur goût, puisqu'il ne les connaît « qu'au juger », mais d'un jour où il a presque manqué d'en avoir ».

Explication des mots. — *Le pâtissier phénix.* Nous avons déjà expliqué le mot *phénix*, à propos de la fable le Corbeau et le Renard (p. 16). Ce mot s'applique à tout ce qui est extraordinaire, prodigieux, comme on dit. Le pâtissier phénix est donc le pâtissier le plus renommé, celui dont les produits surpassent en qualité tous les autres. — *La mine épuisée*, c'est-à-dire le visage pâle, amaigri par les privations. — *Mélancolique*, attristé, chagrin.

Diction. — PRONONCIATION DE *ai* DANS LE CORPS D'UN MOT. — Ai dans le corps d'un mot a le son de l'è *ouvert*. Ex : *faire, laisse, aime*, se prononcent *fère, lèce, ème*, et non pas *fére, léce, éme*. Prononcez de même les mots *maison, raison, saison*.

L'ENFANT ET LE CHAT.

Tout en se promenant, un bambin déjeunait
    De la galette qu'il tenait.
Attiré par l'odeur, un chat vient, le caresse,
Fait le gros dos, tourne et vers lui se dresse :
« Oh ! le joli minet ! » et le marmot *charmé*
Partage avec celui dont il se croit aimé.
Mais le flatteur à peine obtient ce qu'il désire,
    Qu'au loin il se retire.
« Ah ! ah ! ce n'est pas moi, dit l'enfant consterné,
Que tu suivais ; c'était mon déjeuné. »

GUICHARD.

MAXIME
Ne vous fiez pas aux apparences.

CONSEILS PÉDAGOGIQUES

Explication de la fable. — Encore un flatteur du genre du renard et un enfant aussi naïf que le corbeau.

Défions-nous des flatteurs ; ils vivent à nos dépens et nous payent toujours de la plus noire ingratitude. Ce n'est pas nous qu'ils aiment, c'est ce que nous possédons; ils disparaissent dès qu'ils n'ont plus besoin de nous.

Explication des mots. — *Charmé,* qui est en admiration, enchanté. — *Consterné,* étonné douloureusement. — *Déjeuné,* ce mot s'écrit aussi *déjeuner.*

Diction. — La terminaison *ais* de l'imparfait et du conditionnel a le son de l'e ouvert. Ex. : *Ce n'est pas moi* (un), *dit l'enfant consterné* (un, deux), *que tu suivais* (prononcez suivè et non suivé).

LE NID DE FAUVETTE.

Je le tiens, ce nid de fauvette :
Ils sont deux, trois, quatre petits!
Depuis si longtemps je vous guette!
Pauvres oiseaux, vous voilà pris!

Criez, sifflez, petits *rebelles,*
Débattez-vous : oh! c'est en vain,
Vous n'avez pas encor vos ailes,
Comment vous sauver de ma main?

Mais quoi! n'entends-je pas leur mère,
Qui pousse des cris douloureux?
Oui, je le vois, oui, c'est leur père
Qui vient voltiger autour d'eux.

Et c'est moi qui cause leur peine,
Moi qui, l'été, dans ces vallons,
Venais m'endormir sous un chêne,
Au bruit de leurs douces chansons!

Hélas ! si du sein de ma mère
Un méchant venait me ravir,
Je le sens bien, *dans sa misère*
Elle n'aurait plus qu'à mourir.

Et je serais assez *barbare*
Pour vous arracher vos enfants !
Non, non, que rien ne vous sépare,
Non, les voici ! je vous les rends.

Apprenez-leur dans le *bocage*
A voltiger auprès de vous :
Qu'ils écoutent votre ramage,
Pour former des sons aussi doux !

Et moi, dans la *saison prochaine*,
Je reviendrai dans les vallons,
Dormir quelquefois sous un chêne
Au bruit de leurs jeunes chansons.

BERQUIN.

MAXIME

Sois juste et bon pour que l'on soit juste
et bon pour toi.

CONSEILS PÉDAGOGIQUES

Explication du morceau. — Un enfant vient de découvrir un nid de fauvette, il est heureux de tenir les petits et se moque des efforts qu'ils font pour reprendre leur liberté.
Mais bientôt un remords le saisit ; les cris du père et de la mère de ces pauvres oiseaux l'ont fait réfléchir. « Si on m'enlevait violemment à ma mère, se dit-il, que deviendrait-elle ? » Et il s'empresse de remettre les petits dans leur nid.
Leurs parents leur apprendront à voler, et l'année suivante ils gazouilleront en liberté, bien mieux qu'ils ne le feraient dans une cage étroite.
Ne dénichez jamais les oiseaux.

Explication des mots. — *Rebelle*, qui se révolte, qui refuse d'obéir. — *Dans sa misère*, c'est-à-dire dans son chagrin, dans sa douleur. — *Barbare*, méchant, cruel. — *Bocage*, petit bois, bien ombragé. — *La saison prochaine*, l'été suivant.

Diction. — La terminaison *ai* du passé défini et du futur simple a le son de l'é fermé. Ex : *Je reviendrai dans ces vallons* (prononcez reviendré).

TU SERAS SOLDAT.

Toi qui, de si leste façon,
Mets ton fusil de bois en joue,
Un jour tu feras tout de bon
Ce dur métier que l'enfant joue.

Il faudra courir sac au dos,
Porter plus lourd que ces gros livres,
Faire *étape* avec des fardeaux,
Cent cartouches, *trois jours de vivres*.

Soleils d'été, *bises* d'hiver,
Mordront sur cette peau vermeille;
Les balles de plomb et de fer
Te siffleront à chaque oreille.

Tu seras soldat, cher petit!
Tu sais, mon enfant, si je t'aime!
Mais ton père t'en avertit,
C'est lui qui t'armera lui-même!

Quand le tambour battra demain,
Que ton âme soit aguerrie;
Car j'irai t'offrir, de ma main,
A notre mère. la Patrie!

Tu vis dans toutes les douceurs,
Tu connais les amours sincères,
Tu chéris tendrement tes sœurs,
Ton père, et ta mère, et tes frères :

Sois fils et frère jusqu'au bout ;
Sois ma joie et mon espérance ;
Mais souviens-toi bien qu'avant tout,
Mon fils, il faut aimer la France !

V. DE LAPRADE.

MAXIME

On doit défendre sa patrie comme on défendrait sa mère.

CONSEILS PÉDAGOGIQUES

Explication du morceau. — L'auteur fait parler un père qui énumère à son fils les peines, les fatigues qu'endurent les soldats en toute saison, et les dangers qu'ils courent pendant la guerre.
Il lui fait comprendre qu'un jour il sera soldat lui-même, car tout Français doit le service militaire à sa patrie.
Tous les membres d'une famille se chérissent tendrement les uns les autres ; mais au-dessus de la famille, il y a notre mère commune, la Patrie : avant tout, c'est la France qu'il faut aimer.

Explication des mots. — *Étape*, chemin parcouru en un jour par une armée en marche. — *Trois jours de vivres*, c'est-à-dire la nourriture nécessaire pour trois jours. — *Bise*, vent froid d'hiver. — *Mordront sur cette peau vermeille*, c'est-à-dire qu'elle sera brunie par le soleil ou gercée par le froid.

Diction. — Ne faites jamais de pause après *qui*, bien qu'il y ait une virgule ; la pause se fait avant. Ex : *Toi* (un) *qui de si leste façon* (un), etc.

LA CHATAIGNE.

— Que l'étude est *chose maussade !*
A quoi sert de tant travailler ?
Disait, et non sans bâiller,
Un enfant que menait son maître en promenade.
Que lui répondait-on ? Rien. L'enfant sous ses pas
  Rencontre cependant une cosse fermée,
Et de *dards menaçants* de toutes parts armée ;

Pour la prendre il étend le bras.
— Mon pauvre enfant, n'y touchez pas.
—Eh! pourquoi?—Voyez-vous mainte épine cruelle
Toute prête à punir vos doigts trop imprudents?
— Un fruit exquis, Monsieur, est caché là-dedans.
— Sans se piquer peut-on l'en tirer? — *Bagatelle!*
Vous voulez rire, je crois :
Pour profiter d'une aussi bonne *aubaine*,
On peut bien prendre un peu de peine,
Et se faire piquer les doigts.
—Oui, mon fils; mais de plus, que cela vous enseigne
A vaincre les petits dégoûts
Qu'à présent l'étude a pour vous.
Ses épines aussi cachent une châtaigne.

ARNAULT.

MAXIME

L'instruction est le bâton qu'il nous faut pour marcher dans la vie.

CONSEILS PÉDAGOGIQUES

Explication de la fable. — Beaucoup d'enfants, qui ne sont pas très amis de l'étude, deviennent ingénieux lorsqu'il s'agit de se procurer les douceurs de quelque friandise.

Ainsi, ils savent très bien enlever l'écorce verte de la noix et briser les coquilles pour en retirer le fruit ; ils savent ôter avec précaution l'enveloppe piquante qui recouvre la châtaigne.

Qu'ils agissent donc de même pour l'étude, dont les fruits, c'est-à-dire les résultats, sont autrement précieux et durables.

Explication des mots. — *Chose maussade*, c'est-à-dire ennuyeuse, désagréable. — *Dards menaçants*, les piquants qui recouvrent l'enveloppe première de la châtaigne. — *Bagatelle*, chose insignifiante. — *Aubaine*, profit sur lequel on ne comptait pas, trouvaille.

Diction. — Réunissez rapidement les mots placés par inversion à ceux qui suivent. Ex : *L'enfant* (un) *sous ses pas rencontre cependant*, etc. ; le complément *sous ses pas*, placé par inversion avant le verbe *rencontre*, doit être lié à ce verbe.

LE PETIT POISSON ET LE PÊCHEUR.

Petit poisson deviendra grand,
Pourvu que Dieu lui prête vie ;
Mais le lâcher en attendant,
Je tiens pour moi que c'est folie :
Car de le rattraper il n'est pas trop certain.
Un carpeau, qui n'était encore que *fretin*,
Fut pris par un pêcheur au bord d'une rivière.
« Tout fait nombre, dit l'homme en voyant son butin ;
Voilà commencement de *chère* et de festin :
Mettons-le en notre gibecière. »
Le pauvre carpillon lui dit en sa manière :
« Que ferez-vous de moi ? je ne saurais fournir
Au plus qu'une demi-bouchée.
Laissez-moi carpe devenir :
Je serai par vous repêchée ;
Quelque gros partisan m'achètera bien cher,
Au lieu qu'il vous en faut chercher
Peut-être encor cent de ma taille
Pour faire un plat : quel plat ! croyez-moi, rien qui vaille.
— Rien qui vaille ! Eh bien ! soit, repartit le pêcheur :
Poisson, mon bel ami, qui faites le prêcheur,
Vous irez dans la poêle, et, vous avez beau dire,
Dès ce soir on vous fera frire. »

Un tiens vaut, ce dit-on, mieux que deux tu l'auras :
L'un est sûr, l'autre ne l'est pas.

La Fontaine.

MAXIME

Un sou quand il est assuré, vaut mieux que cinq en espérance.

CONSEILS PÉDAGOGIQUES

Explication de la fable. — On ne peut s'empêcher d'avoir pitié du pauvre carpillon, que La Fontaine fait si bien parler ; mais, d'autre part, il faut louer la prudence du pêcheur qui garde le poisson pendant qu'il le tient, n'étant nullement sûr de le reprendre plus tard.
Beaucoup de gens aussi font des promesses qu'ils ne tiennent pas ; c'est pourquoi lorsqu'on vous dit : « *Tiens* », il faut prendre, car c'est plus sûr que si l'on vous dit : « *Tu l'auras.* »

Explication des mots. — *Fretin*, chose de rebut, de peu de valeur, de petit volume. — *Chère*, les mets d'un repas. Prendre part à un bon repas se dit : *faire bonne chère*. — *Laissez-moi carpe devenir*, c'est-à-dire laissez-moi devenir carpe.

Diction. — Lorsque *le* est placé devant *en*, l'*e* de *le* s'élide. Prononcez donc : *Mettons-l'en notre gibecière*, et non pas : *Mettons-le en*, etc. Le vers, en effet, ne doit avoir que huit syllabes, sans compter la dernière qui ne compte pas dans la prosodie.

L'AIGUILLE.

Active, polie et rapide,
Ayant pour guide un joli doigt,
Au long de l'ourlet qu'elle ride,
L'Aiguille suit son chemin droit.
Au dé soumise, elle travaille ;
Nul effort ne peut la lasser :
Comme dans l'eau bleue une écaille,
L'œil à peine la voit glisser.

Aiguille gentille,
Va, viens, voltige et cours ;
Quand pleure la famille,
Ta douce lueur brille
Sur ses tristes jours.

Comme la lame d'une épée
Faite de l'acier le plus pur,
Elle est *fourbie*, elle est *trempée* :
On la connaît *à son azur*.
Voyez, à peine il est visible
Le trou par où passe le fil.
La guêpe, en son *courroux* terrible,
N'a pas l'aiguillon plus *subtil !*
 Aiguille, etc.

Pendant que l'épingle s'arrête
Et fixe l'étoffe au genou,
L'aiguille mobile, inquiète,
Fera toujours un nouveau trou.
L'épingle sérieuse et sage
Se repose le plus souvent :
Du progrès l'aiguille est l'image,
Elle va toujours en avant.
 Aiguille, etc.

Pierre Dupont.

MAXIME

L'activité et l'économie mènent à la prospérité.

CONSEILS PÉDAGOGIQUES

Explication du morceau. — L'auteur de tant de belles poésies, Pierre Dupont, qui a chanté tout ce qui a rapport aux travailleurs, ne pouvait oublier l'aiguille, cet outil de l'humble et honnête ménagère. Comme ses vers sont harmonieux ! En les lisant, on croit voir briller et marcher l'aiguille sous les doigts d'une habile couseuse.

Elle est « active » et « rapide », cette petite aiguille ; elle « va, vient, voltige et court ». Puis elle est claire comme la lame d'une épée et fine comme l'aiguillon d'une guêpe.

Les deux derniers vers expriment une comparaison très heureuse : l'aiguille, par sa marche en avant, et aussi par le travail qu'elle aide à produire, est bien l'image du progrès.

Explication des mots. — *Fourbie*, c'est-à-dire nettoyée, polie, rendue claire par le frottement. — *Trempée*, pour la fabriquer, on a dû la plonger toute rouge dans l'eau froide ; c'est ce que l'on appelle la trempe. — *A son azur*, c'est-à-dire à son reflet bleu. — *Courroux*, grande colère. — *Subtil*, très fin.

Diction. — Ce morceau doit être dit lentement, sur un ton empreint d'amabilité et de délicatesse. La voix devra être soutenue avec de légères modulations, et ainsi on évitera les chutes profondes à la fin des phrases.

LE MOINEAU ET LA TOURTERELLE.

LE MOINEAU

Comment se fait-il donc, ma sœur,
Que l'on t'aime et qu'on me rejette ;
Que l'on t'accueille avec douceur,
Qu'*avec humeur* on me maltraite ?
Cependant je suis plus adroit ;
Je puis, par *mainte gentillesse*,
Charmer le maître et la maîtresse,
J'ai cent fois plus d'esprit que toi.

LA TOURTERELLE

C'est, mon frère, qu'on vous accuse
D'être gourmand, d'être voleur ;
Vous prenez ce qu'on vous refuse,
Moi ce qu'on m'offre de bon cœur.
Vous avez plus d'esprit, mon frère,
Plus d'adresse et plus de savoir ;
Mais lorsqu'on l'emploie à mal faire,
Il vaudrait mieux n'en point avoir.

Grenus.

MAXIME
Bonté vaut mieux qu'esprit et beauté.

CONSEILS PÉDAGOGIQUES

Explication de la fable. — Toute la morale de cette fable se trouve dans la réponse de la tourterelle.
Pour gagner l'affection et l'estime des gens de bien, la douceur et l'honnêteté font plus que l'espièglerie et la ruse.
Peut-on aimer un gourmand et un voleur?
Explication des mots. — *Avec humeur*, c'est-à-dire mauvaise humeur. — *Mainte gentillesse*. *Maint*, vieux mot qui signifie plusieurs.
Diction. — PRONONCIATION DU MOT *donc*. — Lorsque le mot *donc* est placé au commencement d'une phrase, le *c* se prononce. Dans le corps d'une phrase, on ne doit pas faire sentir le *c*. Dites : *Comment se fait-il don, ma sœur*, etc.

L'ENFANT ET L'ARAIGNÉE.

Que regardes-tu donc pour rester si tranquille,
Chère enfant, et pourquoi ton livre est-il fermé?
J'y suis..., une araignée est devant toi qui file
La *toile aux brins soyeux* dont son *gîte* est formé.

Elle va, vient, promène, en haut, en bas, à droite,
Réunissant ces fils en réguliers *réseaux*,
Elle n'a pas voulu — vois comme elle est adroite —
Se servir de *rouet*, encor moins de *fuseaux*.

Admire, mon enfant, surtout sa patience,
Son courage à former ce filet merveilleux...
Un *intrus* le détruit..., vite, elle recommence...
Et refait le travail qui charme tant tes yeux.

Suis l'exemple donné par cette courageuse,
Apprends, apprends toujours, l'étude est un plaisir.
Quand l'esprit est actif quand l'âme est généreuse
Patience et travail préparent l'avenir.

GASTON WIALLARD.

MAXIME
Les travailleurs se rendent utiles à la société.

CONSEILS PÉDAGOGIQUES

Explication du morceau. — Rien n'est plus curieux à observer que l'araignée filant sa toile et la disposant avec autant d'art et de régularité qu'un architecte en apporte à tracer les lignes d'une maison.

Elle n'a pas besoin, pour tisser, de rouet ni de fuseaux, la nature l'a douée de telle sorte qu'elle tire son fil de sa propre substance.

Oui, elle est bien patiente, l'araignée, et c'est en vain qu'on croira la rebuter en détruisant son ouvrage. Elle se retrempe pour ainsi dire dans l'adversité, elle reprend courage, elle recommence jusqu'à ce que son gîte soit terminé.

C'est un modèle à suivre, enfants; ne vous laissez jamais abattre par les difficultés; travaillez avec patience, exercez l'activité de votre esprit : c'est le meilleur moyen de préparer et d'assurer votre avenir.

Explication des mots. — *La toile aux brins soyeux*, c'est-à-dire dont les fils ressemblent à la soie. — *Gîte*, lieu où l'on demeure, où l'on couche. — *Réseau*, tissu léger à petites mailles. — *Rouet*, petite machine à une roue avec laquelle on tord l'étoupe pour en faire du fil. Le *fuseau* a la même destination, mais il faut le tourner à la main. — *Intrus*, celui qui s'introduit chez les gens contre leur désir et les ennuie, les importune.

Diction. — PRONONCIATION DU MOT *donc* (suite). — Prononcez encore ici : *Que regardes-tu don*, etc. Mais si le mot donc était suivi d'un mot commençant par une voyelle, il faudrait prononcer le *c*. Exemple : *Qui donc êtes vous?* Prononcez : *Qui donqu'êtes vous?*

LA MÈRE, L'ENFANT ET LES SARIGUES.

— Maman, disait un jour à la plus tendre mère
Un enfant *péruvien* sur ses genoux assis,
Quel est cet animal qui, *dans cette bruyère*,
    Se promène avec ses petits?
Il ressemble au renard. — Mon fils, répondit-elle,
    Du *sarigue* c'est la femelle :
    Nulle mère pour ses enfants
N'eut jamais plus d'amour, plus de soins vigilants.

La nature a voulu seconder sa tendresse,
  Et lui fit près de l'estomac
Une poche profonde, une espèce de sac,
 Où ses petits, quand un danger les presse,
  Vont mettre à couvert leur faiblesse.
Fais du bruit, tu verras ce qu'ils vont devenir.
L'enfant frappe des mains : la sarigue attentive
  Se dresse, et d'une voix plaintive
Jette un cri ; les petits *aussitôt d'accourir*,
  Et de s'élancer vers la mère
En cherchant dans son sein leur retraite ordinaire.
  La poche s'ouvre, les petits
  En un moment y sont blottis,
Ils disparaissent tous ; la mère avec vitesse
  S'enfuit emportant sa richesse.
La Péruvienne, alors, dit à l'enfant surpris :
  « Si jamais le sort t'est contraire,
Souviens-toi du sarigue ; imite-le, mon fils :
L'asile le plus sûr est le sein d'une mère. »

FLORIAN.

MAXIME
L'amour d'une mère est le plus vigilant de tous les gardiens.

CONSEILS PÉDAGOGIQUES

Explication de la fable. — Cette fable, l'une des plus belles de Florian, contient un ravissant tableau de l'amour maternel.

Quelle autre qu'une mère pourrait prodiguer aux enfants les soins que réclame leur faiblesse ?

Aussi, semblables aux petits de la sarigue, les enfants savent bien se réfugier auprès de leur mère dès qu'un danger les menace. Ils se sentent mieux en sûreté là que partout ailleurs.

Explication des mots. — *Sarigue*, quadrupède de la famille des marsupiaux, à laquelle appartient également le kangourou. — *Péruvien*, habitant du Pérou, contrée de l'Amérique méridionale. — *Dans cette bruyère*, c'est-à-dire dans ce lieu couvert de bruyères. — *Aussitôt d'accourir*, tournure qui signifie accourent aussitôt.

Diction. — PRONONCIATION DE *un*. — Le mot *un* se prononce en arrondissant les lèvres, et non pas en les écartant. Dites : eun *enfant péruvien*, en eun *moment*, et non pas : in *enfant*, en in *moment*.

PAS TROP FORT.

Est importun tout ce qu'on exagère.
Même en aimant, craignez de trop peser.
N'appuyez pas trop fort, même sur un baiser :
Ayez la lèvre, ayez la main légère.
C'est ce qu'avait compris petit Paul, car un jour
Qu'il embrassait sa mère avec beaucoup d'amour,
Quelqu'un qui *contemplait* ces tendresses extrêmes
Lui disait, l'excitant à son charmant régal :
« Embrasse ta maman, bien fort, comme tu l'aimes !
— Oh! non, dit petit Paul, non, je lui ferais mal! »

Louis Ratisbonne.

Les Petits Hommes. — Delagrave édit.

MAXIME

L'excès en tout est nuisible.

CONSEILS PÉDAGOGIQUES

Explication du morceau. — Cette poésie renferme un bon conseil : n'exagérez rien, c'est-à-dire apportez de la mesure dans tout ce que vous faites, même lorsqu'il s'agit des caresses que votre amour pour vos parents vous pousse à leur prodiguer. Il est dur, cependant, de mettre sous ce rapport des bornes à l'amour filial ; aussi vous remarquerez la finesse contenue dans la réponse de petit Paul : il n'embrassera pas sa maman comme il l'aime, car il l'aime si fort que, s'il l'embrassait de même, il lui ferait du mal.

Explication des mots. — *Importun*, incommode, ennuyeux. — *Exagérer*, dépasser la mesure ordinaire, faire plus que les choses naturelles. — *Contempler*, regarder attentivement.

Diction. — Même observation qu'au morceau précédent ; prononcez en arrondissant les lèvres : import*un*, quelqu'*un*, *un* jour, *un* baiser.

LE LOUP ET L'AGNEAU.

La raison du plus fort est toujours la meilleure :
 Nous l'allons montrer tout à l'heure.
  Un agneau se désaltérait
  Dans le courant d'*une onde pure*.
Un loup survient à jeun, qui cherchait aventure,
 Et que la faim en ces lieux attirait.
— Qui te rend si hardi de troubler mon breuvage ?
  Dit cet animal plein de rage.
  Tu seras châtié de ta *témérité*.
— Sire, répond l'agneau, que votre majesté
  Ne se mette pas en colère ;
  Mais plutôt qu'elle considère
  Que je me vas désaltérant
   Dans le courant,
  Plus de vingt pas au-dessous d'elle,
Et que, par conséquent, en aucune façon
  Je ne puis troubler sa boisson.
— Tu la troubles ! reprit cette bête cruelle ;
Et je sais que de moi tu *médis* l'an passé.
— Comment l'aurais-je fait si je n'étais pas né ?
Reprit l'agneau : je tette encor ma mère.
   — Si ce n'est toi, c'est donc ton frère.
— Je n'en ai point. — C'est donc quelqu'un des tiens ;
  Car vous ne m'épargnez guère.
  Vous, vos bergers et vos chiens :

On me l'a dit. Il faut que je me venge.
　　Là-dessus, au fond des forêts
　　Le loup l'emporte, et puis le mange,
　　Sans autre forme de procès.

La Fontaine.

MAXIME

N'abusez jamais de votre force pour être injuste.

CONSEILS PÉDAGOGIQUES

Explication de la fable. — La Fontaine a voulu montrer, par cette fable, que le plus fort peut toujours avoir raison lorsqu'il le veut, en joignant la violence au raisonnement, et c'est ce qui lui fait dire ironiquement que la raison du plus fort est toujours la meilleure.

Mais il est clair que celui qui a raison ici, d'après la justice et le bon droit, c'est l'agneau et non pas le loup.

Dans le monde, on rencontre quelquefois de semblables injustices, et on dit alors que *la force prime le droit*. C'est ainsi que les Prussiens, en 1871, nous ont arraché l'Alsace et la Lorraine parce qu'ils étaient les plus forts.

Mais ce qui est basé sur l'injustice n'est jamais bien solide, et tôt ou tard la violence est punie.

Explication des mots. — *Une onde pure*, c'est-à-dire une eau claire, limpide. — *Témérité*, hardiesse imprudente. — *Médire*, dire du mal de quelqu'un par méchanceté.

Diction. — La phrase : *Sire, répond l'agneau*, etc., se dit en faisant les pauses suivantes : *Sire* (un), *répond l'agneau* (un), *que votre majesté ne se mette pas en colère* (un, deux) ; *mais plutôt* (un) *qu'elle considère que je me vas désaltérant dans le courant* (un), *plus de vingt pas*, etc. — Prononcez : *c'est don ton frère... c'est don quelqu'un des tiens*.

LE VILLAGEOIS ET LE SERPENT.

　　Ésope conte qu'un *manant*,
　　Charitable autant que peu sage,
　　Un jour d'hiver se promenant
　　A *l'entour* de son héritage,
Aperçut un serpent sur la neige étendu,
Transi, gelé, *perclus*, immobile, rendu,
　　N'ayant pas à vivre un quart d'heure.
Le villageois le prend, l'emporte en sa demeure :
Et, sans considérer quel sera le *loyer*
　　D'une action de ce mérite,

Il l'étend le long du foyer,
Le réchauffe, le ressuscite.
L'animal engourdi sent à peine le chaud,
Que l'âme lui revient *avecque* la colère ;
Il lève un peu la tête, et puis siffle aussitôt,
Puis fait un long repli, puis tâche à faire un saut
Contre son bienfaiteur, son sauveur et son père.
« Ingrat, dit le manant, voilà donc mon salaire !
Tu mourras. » A ces mots, plein d'un juste courroux,
Il vous prend sa cognée, il vous tranche la bête ;
Il fait trois serpents de deux coups,
Un tronçon, la queue et la tête.
L'insecte, sautillant, cherche à se réunir,
Mais il ne peut y parvenir.

Il est bon d'être charitable ;
Mais envers qui ? C'est là le point.
Quant aux ingrats, il n'en est point
Qui ne meure enfin misérable.

La Fontaine.

MAXIME

L'ingratitude finit toujours par être punie.

CONSEILS PÉDAGOGIQUES

Explication de la fable. — Recevoir un bienfait d'une personne et chercher à lui faire du mal constitue une action si noire que l'on éprouve un véritable soulagement en voyant le serpent puni comme il le mérite. A peine réchauffé, ce vil animal veut mordre son bienfaiteur ; n'est-ce pas l'image d'un fils ingrat ?

L'enfant qui paye d'ingratitude les bienfaits qu'il reçoit de ses parents ressemble, en effet, en tous points, au serpent de la fable.

Il n'y a pas de loi qui punisse les ingrats, mais ils ne peuvent échapper au mépris public : leur odieuse conduite les fait repousser de tout le monde.

Explication des mots. — *Ésope*, célèbre fabuliste grec qui vivait au VIe siècle avant notre ère. — *Manant*, nom que l'on donnait autrefois aux paysans. — *A l'entour*. Le mot *entour*, au singulier, n'est plus français ; on dirait aujourd'hui : *aux alentours de...* ou bien *autour de...* ou encore *aux entours de*. — *Perclus*, qui a perdu l'usage de ses membres. — *Loyer* signifie ici récompense ou indemnité. — *Avecque*, c'est-à-dire *avec*, licence poétique employée pour donner au vers les douze syllabes sonores.

Diction. — Les syllabes en *au, aut, aud*, etc., sont longues; prononcez donc les mots *réchauffe, chaud, saut*, comme s'il y avait *réchôfe, chô, sô*, et non pas *rechoffe, cho, so*.

A MA POUPÉE.

Ma poupée, il faut vous le dire :
Depuis quelque temps, entre nous,
(Veuillez, s'il vous plaît, ne pas rire),
Je suis mécontente de vous.

A nos leçons, *j'en suis frappée*,
Vous ne mettez *nul intérêt;*
Ailleurs vous êtes occupée :
Une mouche, un rien vous distrait.

Aussi n'en profitez-vous guère;
Au lieu de lire couramment,
C'est à peine, à peine, ma chère,
Si vous épelez seulement!

Encor sur ce manque de zèle
Je passerais facilement,
Si vous vouliez, mademoiselle,
N'y pas joindre l'entêtement.

Vous mériteriez, quand j'y songe,
De recevoir une leçon...

Mais je veux bien *passer l'éponge*
Encore, et vous *parler raison*.

Quelle poupée avez-vous vue
Qui fût retardée à ce point?
Si paresseuse et si têtue?
Quant à moi, je n'en connais point.

Tenez, par exemple, Françoise,
Votre cadette au moins d'un an,
Lit sans faute, écrit sur l'ardoise,
A ce que m'a dit sa maman.

Et Toinette, j'en suis certaine,
A la sienne le jour de l'an,
A récité tout d'une haleine
Une fable de Florian.

Vous pensez, sans doute, Julie,
Que l'on peut, sans tant travailler,
Être une poupée accomplie,
Plaire, réussir et briller.

Non, non! être belle, ma fille,
Ou riche, ce n'est rien encor;
Être sage, instruite et gentille,
Voilà quel est le vrai trésor!

(*Extrait.*) L. TOURNIER.

MAXIME
Habillez votre corps, ornez votre esprit.

CONSEILS PÉDAGOGIQUES

Explication de la fable. — Sous forme de conseils donnés à une poupée, l'auteur s'adresse en réalité aux petites filles légères, frivoles, qui pensent beaucoup plus à leur toilette, à leur parure qu'à l'étude.
Oui, la beauté, la richesse ne sont rien si l'on n'est pas instruit et sage, car on peut perdre la richesse, et la beauté passe vite; mais l'instruction et les talents acquis par le travail et l'étude ne se perdent jamais.

Explication des mots. — *J'en suis frappée*, c'est-à-dire, j'en éprouve un grand et pénible étonnement. — *Nul intérêt*, nulle attention, nul désir d'apprendre. — *Passer l'éponge*, oublier toutes les fautes. — *Parler raison*, faire comprendre ce qui est raisonnable, c'est-à-dire juste, vrai et sage.

Diction. — L'expression entre parenthèses se dit d'un tout autre ton que la phrase dans laquelle elle est enclavée, et cela se comprend, puisque l'idée qu'elle exprime est d'un ordre différent. Dans la première strophe du morceau ci-dessus, les deux premiers vers et le quatrième sont dits sur le ton un peu bénin du mécontentement; le troisième doit être dit sur le ton plus sec de l'injonction et avec le signe de tête expressif qui indique que l'on parle sérieusement et que l'on veut être obéi.

LA SOURIS ET LA TORTUE.

Une Souris trottant *à l'aventure*,
Rencontre une *Tortue*, et lui dit : « Ta maison,
Triste prison,
Doit te faire souvent maudire la nature;
Vois d'ici mon palais; j'y loge avec le roi! »
Notre *amphibie* alors répond à l'insolente :
« De mon petit réduit je me trouve contente :
Il est à moi. »

Nioche.

MAXIME

Rien ne vaut un petit lit chez soi.

CONSEILS PÉDAGOGIQUES

Explication de la fable. — La réponse de la tortue est aussi bonne qu'elle est courte. Quand vous serez grands, mes enfants, vous comprendrez qu'il vaut mieux vivre chez soi, dans une douce indépendance, que dans une maison étrangère, plus riche, mais où l'on dépend des maîtres qui y commandent. C'est ainsi qu'on dit encore avec le proverbe : Un petit *chez soi* vaut mieux qu'un grand *chez les autres*.

Explication des mots. — *Tortue*, animal dont le corps est recouvert d'une écaille épaisse. — *A l'aventure*, c'est-à-dire çà et là, sans but déterminé. — *Amphibie*, animal qui peut vivre dans l'eau et sur terre comme la tortue, l'hippopotame, le crocodile, etc.

Diction. — Les paroles de la souris doivent être dites sur le ton méprisant d'un orgueilleux qui se donne une importance qu'il n'a pas. La réponse de la tortue, au contraire, sera dite d'un ton calme et assuré, en faisant ressortir finement les mots : *il est à moi*.

Ne faites pas d'inflexion de voix avant les deux points qui indiquent les citations.

LE RENARD ET LA CIGOGNE.

Compère le Renard se mit un jour *en frais*,
Et retint à dîner commère la Cigogne.
Le régal fut petit et sans beaucoup d'apprêts :
　　Le galant *pour toute besogne*
Avait un *brouet* clair, il vivait *chichement*.
Ce brouet fut par lui servi sur une assiette :
La cigogne au long bec n'en put attraper miette,
Et le drôle eut lapé le tout en un moment.
　　Pour se venger de cette tromperie,
A quelque temps de là la *cigogne le prie*.
« Volontiers, lui dit-il, car avec mes amis
　　Je ne fais point cérémonie. »
　　A l'heure dite il courut au logis
　　　De la cigogne son hôtesse,
　　　Loua très fort sa politesse,
　　　Trouva le dîner cuit à point ;
Bon appétit surtout : renards n'en manquent point ;
Il se réjouissait à l'odeur de la viande
Mise en menus morceaux, et qu'il croyait friande.
　　On servit, pour l'embarrasser,
En un vase à long col et d'étroite embouchure.
Le bec de la cigogne y pouvait bien passer,

Mais le museau du sire était d'autre mesure.
Il lui fallut à jeun retourner au logis,
Honteux comme un renard qu'une poule aurait pris,
Serrant la queue et portant bas l'oreille.
Trompeurs, c'est pour vous que j'écris :
Attendez-vous à la pareille.

La Fontaine.

MAXIME

Si malin que l'on puisse être, on a souvent affaire à plus malin que soi.

CONSEILS PÉDAGOGIQUES

Explication de la fable. — Maître renard est enfin puni comme il le mérite; c'est la cigogne qui, trompée elle-même comme le corbeau, se charge de la vengeance commune ; et il faut avouer que si le tour était bien joué, il est aussi fort bien rendu.
Que cette fable serve de leçon à tous les trompeurs, car s'ils réussissent quelquefois dans leurs supercheries, il arrive toujours un moment où ils ont à se repentir des mauvaises actions qu'ils commettent.

Explication des mots. — *Se mit en frais*, c'est-à-dire fit des préparatifs de festin. — *Pour toute besogne*, pour tout mets. — *Brouet*, mets simple et grossier des anciens Grecs, principalement des Spartiates. — *Chichement*, petitement, avec avarice. — *La cigogne le prie*, c'est-à-dire l'invite à dîner.

Diction. — La terminaison *er* a toujours le son de l'é fermé, même lorsqu'elle est liée à la voyelle qui suit. Prononcez donc: *Il lui fallut à jeun retournérau logis*, et non pas *retournèrau*.

LES MERLES.

Dans un jardin du voisinage
Deux merles avaient fait leur nid :
Trois œufs furent le témoignage
Du doux serment qui les unit.

Les petits ont vu la lumière ;
J'entends leurs cris ; il faut nourrir
Cette jeunesse printanière,
Qu'on craint toujours de voir mourir.

Que de soucis et que de joie!
On ne peut rester endormi ;

Sans cesse il faut *guetter la proie*,
Il faut *éviter l'ennemi*.

O vertu, *tendresse immuable*,
O soins constants, travaux passés,
Par quel *amour insatiable*
Serez-vous donc récompensés ?

Ce matin des cris de détresse
Dans le jardin ont résonné ;
Les merles voletaient sans cesse
Autour du nid abandonné.

Sans doute un épervier rapide,
Une couleuvre aux yeux perçants,
Ou des enfants, troupe perfide,
Auront surpris les innocents ?

Non ; dès qu'ils ont *senti leurs ailes*,
Les ingrats ont fui pour toujours,
Avides d'amitiés nouvelles.
Oublieux des vieilles amours.

Allez, enfants, *douces chimères*,
Rêves menteurs qui nous charmez,
Vous n'aimerez jamais vos mères
Autant qu'elles vous ont aimés.

Nadaud.

MAXIME
L'enfant ingrat encourt le mépris de tout le monde.

CONSEILS PÉDAGOGIQUES

Explication du morceau. — L'auteur a voulu montrer par cette fable combien les enfants doivent de reconnaissance à leurs parents pour la tendresse et les soins que ceux-ci leur prodiguent dans leur jeune âge. Un jour vient pour l'enfant, où, devenu grand, il quitte, lui aussi, la maison paternelle. Ce jour est surtout pénible pour les parents qui restent seuls dans la maison devenue déserte, tandis que les jeunes gens ont trouvé dans le mariage d'autres affections ; et c'est ce qui fait dire amèrement à l'auteur : « Vous n'aimerez jamais vos mères autant qu'elles vous ont aimés. »

Explication des mots. — *Guetter la proie*, c'est-à-dire se mettre en embuscade pour attraper les mouches et les chenilles qui serviront de nourriture aux petits. — *Éviter l'ennemi*, échapper aux oiseaux de proie, aux reptiles et quelquefois même aux enfants. — *Tendresse immuable*, qui ne change pas. — *Amour insatiable*, c'est-à-dire assez grand pour n'être jamais satisfait. — *Senti leurs ailes*, c'est-à-dire dès qu'ils ont eu les ailes assez fortes pour s'envoler. — *Douces chimères*, douces illusions, tromperies.

Diction. — Les syllabes en *oi*, *oie*, se prononcent *oa*, et non pas *oè*. Ex. : *boire, joie, proie*; prononcez *bouare, joua, proua*, et non pas *boère, joè, proè*. Il en est de même des mots *moi, toi, soi, quoi*, etc., qui se prononcent *moua, toua, soua, quoua*, etc.

NOTRE MAISON.

Dans notre maison bien petite,
Tout le monde se trouve heureux :
L'été, la fraîche *clématite*
Encadre notre nid joyeux.
Au premier jour, maman se lève
En fredonnant une chanson,
Et dans son berceau, l'enfant rêve
Qu'il entend la voix du pinson.
Papa dit : « — Bonjour ! je me sauve
Au chantier ! L'on m'attend, là-bas !... »
Ma grande sœur sort de l'alcôve
Et, riant, m'apporte mes bas.
Nous déjeunons, le feu pétille ;
Perché sur le bord d'un barreau,
Pierrot, notre serin, sautille,
Puis commence un refrain nouveau.
« — Partez, enfants, vite à l'école !
Nous dit maman, l'heure a sonné.
Un beau prix vous sera donné
Si vous remplissez votre rôle ! »
Lorsque nous revenons le soir,
Quel ordre dans notre ménage !

On est content de se revoir
Au logis qui plaît davantage ;
Et, tour à tour, chaque saison
Le charme et l'embellit de même,
Car lorsqu'on travaille et qu'on s'aime,
C'est toujours fête à la maison.

Marie Klecker.

MAXIME
Où peut-on être mieux qu'au sein de sa famille ?

CONSEILS PÉDAGOGIQUES

Explication du morceau. — C'est une charmante description d'un intérieur où la gaieté, l'ordre et le travail se donnent la main.
Qu'importent les dimensions du logis pourvu qu'on y soit heureux ! Le bonheur ne consiste pas dans la grandeur de la maison, mais dans l'harmonie qui règne parmi les membres de la famille qui l'habite.
Quand le père travaille, que la mère sait mettre toutes choses en ordre et que les enfants sont studieux et aimables, l'auteur a bien raison de dire que c'est toujours fête à la maison.
Explication des mots. — *Clématite*, plante grimpante qui tapisse les murs des habitations champêtres. — *Si vous remplissez votre rôle* c'est-à-dire si vous travaillez comme vous devez le faire.
Diction. — Revision. — Appeler l'attention sur la prononciation des mots *maison, joyeux, se lève, voix, un, est*, etc. ; sur les pauses, sur la liaison des expressions : *la fraîche clématite encadre... je me sauve au chantier... chaque saison le charme*, etc. ; sur le soutien de la voix, sur l'articulation, etc.

COMPLIMENT
d'une petite fille à sa mère, le jour de sa fête.

Ma chère maman

On dit que dans leurs chants les oiseaux du bocage
Aiment à répéter les douceurs de leurs nids
Et que devenus grands, sous un brillant plumage,
Ils regrettent le jour qui les voyait petits.
Oh ! plus que les oiseaux, de mon heureuse enfance,
Je me rappellerai ce temps pour le bénir ;
Et, si dans mes deux mains, j'en avais la puissance,
Je voudrais l'arrêter pour ne pas trop grandir.

Car c'est à moi le droit, comme à la plus petite,
De vous offrir les vœux, les souhaits réunis.
Ne vous étonnez pas si près de vous *j'hésite?*
C'est que je dois parler pour tous nos cœurs unis ;
Et je trouve, ce soir, qu'il est bien difficile
D'exprimer, par des mots, un si doux sentiment.
Ah ! vraiment, je le sens, je ne suis point habile !
Pourtant écoutez-moi : Je désire *ardemment*
Vous faire l'existence, à la fois douce et belle.
Et je veux, à mon tour, vous aimer, vous *choyer*,
Vous ressembler en tout, afin d'être au foyer
Une autre Providence invisible et réelle.
**Bonne fête, ô ma mère, et que chacun de nous
Reste longtemps au nid qui nous réunit tous.**

M.-B.

MAXIME

L'union dans la famille, c'est la joie dans la maison

CONSEILS PÉDAGOGIQUES

Explication du morceau. — La petite fille commence par comparer l'intérieur de la famille à un nid d'oiseaux, et elle a bien raison, car les oiseaux sont tout soin, tout amour pour leurs petits, et chacun sait que les parents ont pour leurs enfants une tendresse, une sollicitude de tous les instants ; aussi les cris des petits oiseaux dans leur nid rappellent la bruyante gaieté des enfants à la maison.

Mais la petite fille est embarrassée ; elle se sent si faible et si peu en état de reconnaître les bienfaits qu'elle reçoit de sa mère ! C'est donc son cœur qu'elle va faire parler : oui, elle aimera sa mère, elle lui fera la vie aimable et douce, elle sera la providence du foyer, et longtemps, le plus longtemps possible. Il n'y a pas, pour un enfant, de plus beau souhait.

Explication des mots — *Hésiter*, être retenu par la crainte. — *Ardemment*, avec ardeur, c'est à-dire avec force et vivacité. — *Choyer*, entourer de tous les petits soins.

Diction. — REVISION (*Suite*) Faites une pause après *dans leurs chants.* — N'oubliez pas de bien lier les expressions : *les oiseaux du bocage aiment à répéter...* — *qu'il est bien difficile d'exprimer...* — *Je désire ardemment vous ressembler...* — *afin d'être au foyer une autre Providence...* — *et que chacun de nous reste longtemps...*

Saint-Denis. — Imprimerie Picard-Bernheim et Cie. — U. P.

HISTOIRE

...gar. — Classe préparatoire... ...ux enfants. Récits et entretiens familiers sur... ...es et les grands faits de l'histoire nationale... ...les Contes, Récits de voyages. Grands voyageurs... ...Grands inventeurs. 1 joli vol. in-8°, format des... ...200 gravures expliquées, cart.

AMPÈRE ET SA VOITURE

...raconte qu'Ampère, dont les distractions sont restées légen...aires, s'était arrêté un jour, auprès d'une voiture dont il a... ...s le dos pour un tableau noir. Il y posa un problème et en ...cherchait la solution, quand la voiture se mit à marcher. Ampère ...courut après en continuant à écrire sa solution.

...extrait des *Biographies d'hommes illustres* de M. E. Zev...

Biographies d'hommes illustres, des temps anciens et mode... ...ures, résumés biographiques à apprendre par cœur. 146 ... ...ures expliquées. 1 vol. in-12 cartonné.

...UEZ. — Graphique de l'histoire de France, petit form... ...age des élèves, 34 sur 42 (5 couleurs) ... ...MEME, 45 sur 55 (5 couleurs) ...

...phique mural. Magnifique tableau imprimé en chromo (... ...mesurant 110 sur 140, monté sur toile avec...

... 64. — SAINT-DENIS. — IMP. P...

www.ingramcontent.com/pod-product-compliance
Lightning Source LLC
LaVergne TN
LVHW021705080426
835510LV00011B/1590